JN449862

主母兒

유니게 학교

Eunice School 1학기

부모 교재

한국장로교출판사

머리말

"유니게학교"는 하나님과 함께하는 믿음의 부모와 자녀를 통해 신앙의 대를 이어가는 가정을 목표로, 디모데의 어머니 '유니게'의 이름을 따라 1996년에 설립된 부모교육 프로그램입니다. 한국의 주일학교가 단지 주일에만 이루어지는 신앙교육이 아니라 주중 언제 어디서나 모든 세대에 걸쳐 이루어져야 한다는 의미를 담아 '교회학교'로 명칭이 변경되면서 프로그램들이 발전하였습니다. 그중에서도 "유니게학교"는 미취학 아동과 그 부모를 위한 탁월한 신앙교육 프로그램으로 자리잡았고 오늘날까지 이어지고 있습니다. 이번에 "유니게학교"의 부모 교재와 어린이 교재가 전면 개정되어 출판된 것을 하나님께 깊이 감사드립니다.

유아기는 한 사람의 신앙 여정의 기초가 형성되는 중요한 시기입니다. "유니게학교"는 이를 위하여 부모가 하나님의 말씀에 기초하여 건강한 부모상을 정립하고, 자녀의 발달을 올바르게 이해함으로써 기독교적 가치관과 태도로 그 역할을 잘 수행할 수 있도록 돕는 과정입니다. 이 책을 통해 진행되는 유니게학교 프로그램에 참여하는 부모님과 유아들, 그리고 이 사역의 소중함을 알고 헌신하는 선생님들이 함께 동역함으로 하나님 나라가 든든하게 세워져 가길 바랍니다.

「유니게학교」 교재 개정판이 나오기까지 수고와 헌신을 아끼지 않은 많은 분께 감사의 말씀을 전합니다. 재정적으로 후원해주신 영락교회와 김운성 목사님께 깊이 감사드리고, 영락교회 교육부팀과 많은 집필진께도 감사드립니다. 또한 따뜻한 그림으로 수고해주신 세겹줄 그림작가팀에도 감사드립니다. 아울러 한국장로교출판사 강성훈 사장님, 교재의 소중함을 알고 꼼꼼하게 살펴봐주신 출판사 오원택 차장님과 박신애 대리님, 그리고 총회 교육훈련처 과장 김지연 목사님에게도 감사의 마음을 전합니다.

2024년 10월 20일

총회교육자원부 총무 전호영 목사

차례

01 하나님이 주신 가정

이야기 한마디

Gustave Dore, The Creation of Eve, 1866.

질문 1

앞의 그림은 하와가 창조되던 순간을 판화로 남긴 귀스타브 도레(Gustave Dore)의 작품입니다. 아담은 바위에 기대어 깊이 잠들어 있고, 하와는 아담을 향해 조심스레 걸어가고 있습니다. 저 멀리 보이는 빛은 하나님께서 아담과 하와의 만남을 바라보고 계신 듯합니다. 이 장면에서 아담과 하와 그리고 하나님은 어떤 생각을 하고 있을지 상상해서 적어 봅시다.

아 담 :
하 와 :
하나님 :

? 질문 한 줄

하나님께서 세상의 모든 것을 창조하시고, "보기에 좋다"라고 말씀하셨습니다. 그런데 하나님께서 만드신 첫 사람, 아담이 혼자 있는 모습을 보시며 처음으로 "좋지 않다"라고 말씀하십니다. 그래서 아담이 외롭지 않도록 알맞은 짝을 지어 주시기로 계획하십니다. 제일 먼저, 하나님께서 말씀으로 창조하신 짐승들과 새를 아담에게 이끌어 오십니다. 아담은 그들에게 관심을 가지며 하나하나 이름을 불러줄 뿐, 별다른 반응을 보이지 않습니다. 그것들은 아담을 도울 짝이 아니었던 것입니다. 그래서 하나님께서는 아담을 깊이 잠들게 하시고, 그의 갈비뼈를 취하여 여자를 만드십니다. 그리고 아담에게로 이끌어 오십니다. 아담은 그 여자를 보며 감탄하고 이렇게 외칩니다.

이제야 나타났구나, 이 사람! 뼈도 나의 뼈, 살도 나의 살(창 2:23, 새번역)

우리는 결코 혼자 지낼 수 없는 존재입니다. 사람이 사람과 사랑의 관계를 맺고자 하는 욕구[1], 그것은 하나님께서 우리 안에 심어 놓으신 창조원리입니다. 사람은 본능적으로 나와 함께 먹고, 자고, 이야기 나눌 수 있는 사람, 함께 기뻐하고 슬퍼할 수 있는 사람, 서로의 갈망을 채워주며 사랑을 나눌 수 있는 타인을 필요로 합니다.

---

1) 팀 켈러, 『결혼의 의미』 (두란노, 2020), p. 16.

질문 2

당신은 배우자를 처음 만났던 날을 기억하시나요? 어떻게 만났는지, 서로의 첫인상은 어떠했는지 이야기 나누어 봅시다.

말씀 한 장

이러므로 남자가 부모를 떠나 그의 아내와 합하여
둘이 한 몸을 이룰지로다(창 2:24)

이 명령을 따라서 남자와 여자는 한 몸이 되어 드디어 가정을 이루게 되었습니다. 여기서 '하나됨'은 살아 있는 유기체로 하나됨을 시사합니다. 즉, 사랑 안에서 끊임없이 교통하며 서로 유기적으로 하나되어 성장하며 세워져 간다는 것입니다. 그리고 하나님께서는 그런 우리에게 한 가지 특별한 사명을 주십니다.

하나님이 그들에게 복을 주시며 하나님이 그들에게 이르시되
생육하고 번성하여 땅에 충만하라, 땅을 정복하라,
바다의 물고기와 하늘의 새와 땅에 움직이는
모든 생물을 다스리라 하시니라(창 1:28)

결혼은 단지 두 사람 사이의 낭만을 실현한다거나, 두 사람 사이에 몇 가지 법적 혜택을 부여하는 것만을 의미하는 것이 아닙니다. 성경은 하나님의 뜻 안에서 맺어진 이들에게 하나님께서 만드신 창조세계를 다스려야 하는 책임과 권한이 주어져 있음을 명시하고 있습니다.
우리는 "다스리라"라는 하나님의 말씀을 따라 자녀를 잘 길러내고, 하나님께서 보시기에 좋다고 말씀하신 세계의 피조물들을 잘 돌보아야 합니다. 그것은 결코 지배하고, 정복하고, 주인이 되어서 자기 욕망에 따라 마음대로 하는 것이 아닙니다. 오히려 우리의 마음을 하나님의

마음에 맞추어 모든 것들을 존중하고 지켜내며 생명을 꽃피우는 일입니다. 그 마음의 힘으로 생명을 꽃피워야 하는 일, 곧 우리와 맞닿아있는 모든 것들을 존중하고 지켜내야 하는 일입니다.[2] 이처럼 진정한 다스림은 하나님께서 우리의 주인이 되신다는 신앙의 고백과 생명에 대한 깊은 사랑을 필요로 합니다. 우리 가정의 주인 되시는 하나님의 다스림 안에서 서로 돕고 협력할 때 하나님께서 주신 사명을 온전히 이루어 갈 수 있습니다.

질문 3

우리 가정을 하나님께서 이루어주셨음을 인정하고 고백하며 살아왔나요? 하나님의 다스림을 받는 가정으로 세워가기 위해 지금 우리 가정에 필요한 것은 무엇일까요?

열매한알 **"하나님이 주인이신 우리 가정!"**

하나님께서 우리 가정을 이루어주셨기에 우리 가정의 진정한 주인은 하나님이십니다. 우리 가정을 인도하시는 하나님께, 그리고 함께하는 가족들에게 감사한 마음을 고백해 봅시다.

활동 방법

① 하루의 일과를 돌아보며 감사한 일들을 떠올립니다.

② 아빠는 하나님과 아내와 자녀에게, 엄마는 하나님과 남편과 자녀에게 느낀 고마움을 적어 봅니다.

③ 서로에게 감사한 내용을 전하고, 함께 하나님께 기도합니다.

우리 부부 둘이 사랑해서 결혼한 줄 알았는데 하나님이 그 가운데 계셨다니 든든해요! 유니게학교를 통해 어떤 계획을 이루실까 기대해 보아요.

---

2) 김민웅, 『창세기 이야기 1』 (한길사, 2012), pp. 59-61.

남편 그리고 아빠의 감사

하나님께	
아내에게	
자녀에게	

아내 그리고 엄마의 감사

하나님께	
남편에게	
자녀에게	

02 나는 하나님의 사람

이야기 한마디

[분리된 세 개의 신앙 의자]

브루스 윌킨슨(Bruce H. Wilkinson)은 세 개의 신앙 의자를 다음과 같이 말합니다.

첫째 의자는 하나님을 직접 체험하고 경험한 세대가 앉는 의자입니다.
이들은 하나님을 인격적으로 만나고 하나님을 가장 가까운 친구로 여기며 하나님을 우선순위에 두고 하나님의 말씀에 따라 살아갑니다.

둘째 의자는 부모로부터 하나님에 대해 들어 보았으나 만나지 못한 세대가 앉는 의자입니다.
하나님을 알고는 있지만 인격적으로 교제하지 못하는 세대이며, 모든 일을 자기가 결정하고 그 결정에 하나님이 따라주기를 기도하는 이들입니다.

셋째 의자는 하나님에 대하여 전혀 알지 못하는 세대가 앉는 의자입니다.
이 의자에 앉은 사람들은 자기중심으로, 자기 방법대로 행동하며 살아가는 이들입니다.

질문 1

아래의 그림은 브루스 윌킨슨의 '분리된 세 개의 신앙 의자'를 상상하며 그려 본 그림입니다. 중심에 가까울수록 하나님과 친밀해지는 신앙의 거리를 표현했습니다. 지금의 나는 어디쯤, 어느 의자에 앉아 있을까요? 그리고 나의 자녀는 어느 의자에 앉길 바라나요? 비어 있는 의자에 나와 자녀를 그려 봅시다.

질문한줄

학자들은 신앙의 태도나 교회 생활에 필요한 행동들뿐만 아니라, 처음으로 자신이 속한 가정과 사회가 가진 규칙들을 깨닫게 되는 때를 영·유아 시기라고 말합니다. 이것은 지금의 내 자녀가, 나를 비롯하여 주변의 중요한 사람들에게서 신앙의 태도나 교회 생활에 필요한 행동들을 배우는 시기라는 것을 의미합니다.[3] 자녀들은 부모의 삶의 양식을 보고, 배우고, 닮아 성장합니다. 그래서 부모는 가정의 신앙생활을 이루어 가는 중요한 역할을 한다고 말할 수 있습니다.

3) 박상진, 『유바디 교육목회』 (장로회신학대학교출판부, 2020), p. 117.

그런데 온전한 신앙의 가정을 형성해 가는 것이 쉽지만은 않습니다. 세상은 더 많은 물질과 목표를 쌓아가는 것을 당연시하고, 그것을 위해서 사람들을 필요와 경쟁의 폭풍으로 몰아세우고 있기 때문입니다. 세상은 너무나도 교묘하게 우리의 눈과 마음을 현혹합니다. 때때로 우리는 이러한 세상과 맞서 싸우기보다 신앙을 외면한 채 현실과 타협하고 싶을 때가 있기도 하고, 세상의 목소리에 지치고 외롭고 버거움을 느낄 때도 있습니다.

질문 2

나의 신앙생활을 방해하는 세상의 가치관들은 무엇인가요? 함께 이야기 나누어 봅시다.

말씀 한 장

바벨론은 유다를 침공하여 포로들을 본국으로 끌고 갑니다. 낯선 이방 땅에서 마주하게 된 넘쳐나는 부와 권력, 화려한 신전들은 끌려온 유다인들의 모든 감각을 압도했을 것입니다. 절망한 대부분의 유다인들은 어쩔 수 없이 바벨론의 질서와 법도를 따라 살아가기를 택했습니다. 그런데 다니엘은 달랐습니다.

다니엘은 뜻을 정하여 왕의 음식과 그가 마시는 포도주로
자기를 더럽히지 아니하리라 하고
자기를 더럽히지 아니하도록 환관장에게 구하니(단 1:8)

다니엘은 제국으로부터 양질의 교육과 풍요로운 음식을 제공받습니다. 그러나 그는 새로운 세상이 주는 웅장함에 압도되거나 현혹되지 않고 그들이 제시하는 길을 걷지 않습니다. 그것은 다니엘이 그 가운데 뜻을 정하여, 자신의 신앙을 지키기로 결심했기 때문입니다. 다니엘의 의지는 그가 강대국의 총리가 되어 권력을 손에 쥐었을 때도 계속됩니다.

다니엘이 이 조서에 왕의 도장이 찍힌 것을 알고도 자기 집에 돌아가서는
윗방에 올라가 예루살렘으로 향한 창문을 열고 전에 하던 대로
하루 세 번씩 무릎을 꿇고 기도하며 그의 하나님께 감사하였더라(단 6:10)

다니엘은 자신의 목숨이 위협받는 상황에서도 "전에 하던 대로" 기도합니다. 하나님께서는 그러한 다니엘의 뜻을 무엇보다도 귀하게 여기셨고, 죽음의 사자 굴 속에서 그를 구해내십니다. 그리하여 결국, 하나님의 이름은 온 세상으로부터 높임을 받게 됩니다.

내가 다음과 같이 법령을 공포한다.
내 나라에서 나의 통치를 받는 모든 백성은 반드시
다니엘이 섬기는 하나님을 공경하고, 두려워하여야 한다.
살아 계신 하나님이 영원히 다스리신다.
그 나라는 멸망하지 않으며, 그의 권세 무궁하다.(단 6:26, 새번역)

부모가 가진 신앙의 정체성은 자녀의 신앙에 큰 영향을 끼칩니다. 부모가 세상에서 많은 돈을 벌고 성공하는 일에 큰 가치를 둔다면, 자녀는 그러한 삶을 살 것입니다. 부모가 어려운 환경으로 인하여 교육을 받지 못한 열등감에 여전히 사로잡혀 있다면, 자녀 역시 높은 학력을 위한 과도한 경쟁에 뛰어들 수 있습니다. 하지만 부모가 하나님 안에서 뜻을 세우고 살아간다면, 우리의 자녀 역시 거센 풍파가 일렁이는 세상 속에서도 흔들림 없는 믿음의 길을 걸어갈 것입니다.
인생에 있어서 참된 가치는 무엇을 하느냐에 달린 것이 아니라 얼마나 거룩한 모습으로 하나님 앞에 서 있느냐에 있습니다. 즉, 우리가 이뤄낸 일보다는 우리의 존재 그 자체가 더 중요합니다. 우리는 하나님과의 내적인 관계와 우리의 일상생활과 같은 외적인 관계에서 항상 하나님께 영광을 돌리는 삶, 하나님 중심적인 삶을 살아가도록 노력해야 합니다.

질문 3

우리 가족이 하나님 중심의 삶을 살 수 있도록 하는 방법은 무엇일까요?
아래 <부모의 신앙가치관> 체크리스트를 통해 나의 모습을 확인하고, 신앙을 지키고 세워가기 위해서 실천할 수 있는 일을 나누어 봅시다.

<부모의 신앙가치관>[4)]

질문	선택 1	2	4	6	8	10	선택 2
주일에 중요한 일이 생기면	예배에 빠진다.						예배는 드린다.
삶 속에서 어려움이 생기면 가장 먼저	친한 사람에게 찾아가 상담한다.						하나님께 기도한다.
신앙생활로 인해서 나의 삶은	어제나 오늘이나 별 차이가 없다.						점점 더 좋아지고 있다.
나는 하나님의 말씀을	듣기는 하지만 행동으로 실천하는 것은 너무 어렵다.						삶의 지표로 삼고 그렇게 살기 위해 노력한다.
나는 자녀를 위해서	가끔 기도한다.						정기적으로 기도하고 있다.
나는 자녀의 신앙교육에	관심은 있지만 실제로 하고 있는 일은 없다.						관심을 갖고 방법을 찾아 적극적으로 시도하고 있다.
가정예배	노력은 하지만 잘 안 된다.						온 가족이 함께 모여 드린다.
나는 자녀에게	성경(신앙) 이야기를 거의 하지 않는다.						성경(신앙) 이야기를 자주 하는 편이다.
자녀의 교회교육	크게 관심을 두지 않는다.						자녀의 교회교육과 연계하여 가정에서도 신앙 교육에 힘쓴다.
30년 후, 자녀는	부모에게 받은 상처를 치유하며 살고 있을 것이다.						나를 좋은 신앙의 모델로 기억하며 살 것이다.
합계							

⇒ 당신은 어디에 있습니까?

점수	0~40	41~70	71~100
내용	신앙생활은 하지만 아직 신앙과 삶이 통합되지 못한 상태. 자녀양육에 있어서도 성경적 세계관보다는 세속적 세계관을 기준으로 삼는다. 하나님을 경험하며 말씀을 따라 살아가려는 노력이 필요하다.	신앙이 삶에 어느 정도 배어있는 상태. 자녀에게 좋은 신앙의 모델이 되고자 노력하지만 아직은 2% 부족하다. 좀 더 적극적인 의지를 가지고 행동에 옮기는 것이 필요하다.	신앙과 삶이 적절히 조화되어 있는 상태. 하나님을 경험한 감동이 삶에 녹아들어 자녀에게 좋은 모델이 된다. 계속해서 하나님과 좋은 관계를 유지하기를 힘쓴다.

4) 박상진, 『기독 학부모 교실』 (예영커뮤니케이션, 2017), p. 78.

열매 한 알 "믿음의 뜻을 세우는 우리집"

하나님 안에서 뜻을 세우는 것은 매우 중요합니다. 거친 세상에서 흔들리지 않는 믿음의 길을 걸어가게 해주기 때문입니다. 우리의 신체를 도구로 믿음의 뜻을 세우고 실천해 봅시다.

활동 방법

① 신체 기관으로 세워 나갈 수 있는 '믿음의 뜻'을 세우고, 우리 가정의 다짐을 적어 봅니다.

예) 입술 : "아름다운 말을 사용하겠어요."

예) 손바닥 : "하루에 한 번, 이웃을 돕겠어요."

② 우리 가정에 믿음의 뜻이 세워지길 구하며 함께 기도합니다.

이 세상에서 믿음을 지키는 것, 어려울 때가 많죠?
그러나 주님이 내 손을 붙잡아 주시니 두려울 것 없어요!

03 부모, 축복의 통로

이야기 한마디

얼마 전 아내와 크게 다투었습니다. 이렇게 다툰 것은 처음이라 저도 아내도 깜짝 놀랐습니다. 어렸을 때부터 저는 크게 다투시는 부모님을 보며 자랐습니다. 큰소리가 언제 날지 몰라 항상 긴장하고 불안해해야만 했습니다. 부모님의 싸움이 더 커지지 않게 말려야 했고, '내가 잘해야 한다'는 신념이 강했습니다. 그러다 보니 눈치를 보는 것이 제 특기가 되었고, 주변 사람의 마음을 살피며 편안한 분위기를 만들려 노력하는 성향을 가지게 되었습니다.

이런 성향은 가까운 친구 관계와 연인 관계에서도 나타났습니다. 항상 상대방의 눈치를 살폈고, 상대방이 불편해하지 않도록 노력했으며, 갈등이 생기면 먼저 사과했습니다.

하지만 얼마 전 다툼에서 저는 아내에게 분노를 쏟아내고 말았습니다. 언제나 먼저 사과하는 제 자신이 억울했던 것 같습니다. 순간의 감정을 이기지 못하고 부모님처럼 아내에게 소리 지르고 화를 돋우는 행동을 하는 저의 모습에 당황스러웠습니다.

이후 저는 아내와 화해하기 위해 대화를 시작했고, 저의 어렸을 적 상처를 솔직하게 고백했습니다. 눈치 보고 살피는 게 먼저인 제게 편안함을 느낄 수 있도록 도와달라고 요청했고, 진심을 다해 사과했습니다.

질문 1

나의 어린 시절, 우리 가정은 어떤 분위기였는지 떠올려 보세요.

? 질문 한 줄

원가족은 사람이 태어나 처음 만나는 가정의 구성원을 말합니다. 개인이 원가족에서 성장하면서 경험한 것들은 성격 형성과 대인관계 형성 등에 매우 강력한 영향을 미칩니다. 이것은 개인이 성장하면서 원가족의 습관과 가치관을 내면화하기 때문입니다. 또한 이렇게 원가족으로부터 내면화된 습관과 가치관은 성인이 되어서 맺는 대인관계의 유형이나 결혼 후의 가족관계를 어떻게 맺을 것인가에 영향을 미칩니다.[5)]

질문 2

원가족 부모님으로부터 받은 긍정적인 영향과 부정적인 영향은 무엇인지 생각해 봅시다. 그 영향은 지금 나의 삶에서 어떻게 나타나고 있나요?

원가족 부모님과의 관계 속에서 긍정적인 영향을 전혀 받지 않은 사람은 아무도 없습니다. 나의 부모님이 보여주신 긍정적인 삶의 태도를 발견하고 감사하는 것은 부모로서의 내 모습에 좋은 영양분이 됩니다.

---

5) 김춘경 외, 『상담학 사전 3』(학지사, 2016), p. 1372.

원가족 부모님으로부터 받은 따뜻한 사랑과 가정에서 느꼈던 포근함도 기억나겠지만, 여러 가지 상처와 결핍 등이 떠오르기도 합니다. 가정은 공동생활이 이루어지는 정서적이고 물리적인 공간이기 때문에 오히려 가장 깊은 상처를 주고받기도 합니다. 내가 아무렇게나 해도 다 알아주고 이해해 주리라 생각합니다. 남에게는 체면을 차려도 집에서는 모든 것을 내려놓습니다. 가족은 서로 사랑하기 때문에 모든 것이 받아들여질 것이라고 오해합니다.[6)]

말씀 한 장

요셉은 먼 나라의 노예로 팔려 가 오랜 시간 원가족을 떠나 고난의 시간을 보냅니다. 그 이면에는 아버지 야곱의 편애가 있었습니다. 야곱은 요셉을 특별히 사랑하였는데, 이로 인해 형들에게 요셉을 향한 심한 시기와 질투와 미움이 일어났습니다. 이러한 야곱의 편애는 형제들 사이에서 더욱 강한 갈등을 일으켰습니다. 그 결과 요셉은 형들에게서 버림받는 큰 상처를 입고 가족으로부터 떨어져 나가게 되었고, 야곱 가족은 큰 변화와 고통을 겪게 되었습니다.

이는 원가족 부모에게서 받은 왜곡된 모습들을 해결하지 않고 부모가 되었을 때 나타날 수 있는 결과들을 보여줍니다. 야곱도 어머니 리브가의 편애를 받으며 자랐습니다. 어머니 리브가의 편애는 형 에서의 축복을 야곱이 가로채어 속이는 자가 되게 만들었고, 이로 인해 가족 간의 이별과 비극을 경험하게 하였습니다. 야곱은 이 부정적인 경험들을 해결하지 못한 채 결혼하여 요셉을 편애하는 아버지가 되었습니다.

질문 3

나는 원가족으로부터 무엇을 끊어내고, 어떤 부모의 모습으로 살아가고 싶은지 적어 보세요.

6) 황지영, 『사이좋은 부모생활』 (아르카, 2022), pp. 83-84.

당신들이 나를 이 곳에 팔았다고 해서 근심하지 마소서 한탄하지 마소서
하나님이 생명을 구원하시려고 나를 당신들보다 먼저 보내셨나이다
이 땅에 이 년 동안 흉년이 들었으나 아직 오 년은 밭갈이도 못하고
추수도 못할지라 하나님이 큰 구원으로 당신들의 생명을 보존하고
당신들의 후손을 세상에 두시려고 나를 당신들보다 먼저 보내셨나니
그런즉 나를 이리로 보낸 이는 당신들이 아니요 하나님이시라
하나님이 나를 바로에게 아버지로 삼으시고 그 온 집의 주로 삼으시며
애굽 온 땅의 통치자로 삼으셨나이다(창 45:5-8)

하나님께서는 우리가 건강한 부모가 되기를 원하십니다. 이를 위하여 하나님께서 준비하신 회복의 길이 있습니다. 그것은 '믿음'과 '용서'입니다. 요셉은 누구보다 상처를 많이 받은 사람이었습니다. 그러나 요셉은 그가 받았던 상처와 아픔 속에서도 하나님의 인도하심을 믿으며, 그의 형제들을 원망하지 않았습니다. 미움을 끊어내고 그 자리를 용서와 화해로 채웠습니다. 오히려 자신의 고난이 생명을 구원하시기 위한 하나님의 섭리와 계획이었음을 고백했습니다. 이제 우리는 하나님 안에서 우리가 받았던 상처와 아픔들을 회복해 나가야 합니다. 상처받은 피해자로 남아 원망과 후회 속에 빠져 있기보다는, 믿음과 용서의 길을 통해 건강한 부모상을 세워 갑시다. 하나님의 은혜와 사랑 안에서 회복되고 건강한 부모상을 이루어 갈 때, 우리는 자녀에게 동일한 은혜와 사랑을 전달할 수 있습니다.

열매한알 "원가족 부모님께 편지 쓰기"

오랜 세월 동안 원가족 부모님께 하지 못했던 이야기들을 편지로 써 봅시다. 감사한 내용을 쓰는 것은 물론이거니와 마음에서 풀리지 않는 상처들도 솔직하게 쓰십시오. 아래에 제시된 내용을 참고하여 쓰되, 한 번에 다 쓰지 않아도 좋습니다. 마음이 허락하는 만큼씩 써 나가십시오.

활동 방법

① 생각과 감정이 자유롭게 의식의 표면으로 흘러나올 수 있도록 방해받지 않는 시간과 장소를 찾으십시오.

② 숨겨진 내면의 이야기들을 풀어낼 수 있도록 도와달라고 기도하십시오.

"하나님! 이제 저는 오래된 이야기들을 풀어내려고 합니다. 제 마음 깊은 곳의 이야기들까지 풀어낼 수 있도록 도와주시고, 비록 기억하고 싶지 않은 상처가 떠오르더라도 대면할 수 있는 용기를 주소서."

③ 일반적인 내용에서 시작하여 좀 더 깊이 있는 자세한 이야기들을 써 가십시오.

"엄마, 아빠! 저는 그동안 마음 속에 있었던 이야기들을 하나씩 풀어내며 편지를 쓰려고 합니다. 먼저 저를 길러 주신 은혜에 대해 감사드립니다."

④ 특히 상처가 되었던 일들에 대해서는 그때 느꼈던 감정까지 최대한 자세히 쓰십시오.

"엄마, 아빠가 아들인 오빠만 챙기시고 저에게는 소홀하게 대하실 때마다 저는 제가 아주 보잘것없는 사람처럼 느껴졌습니다. 저도 엄마, 아빠의 사랑을 받고 싶어 최선의 노력을 다했지만 아무런 소용이 없었습니다. 저는 더이상 노력할 마음도 생기지 않았고, 제 삶과 제 자신에 대한 소중함을 전혀 느끼지 못한 채 살아왔습니다."

⑤ 원가족 부모님과의 관계가 부모가 된 나에게 미치는 영향들을 쓰십시오.

"이제 부모가 되고 보니 엄마, 아빠의 심정을 조금은 이해할 것 같습니다. 그러나 부모가 되어서 생각해도 이해할 수 없는 부분들이 있습니다. 또 제가 받았던 상처들이 나의 자녀에게도 전해지는 것을 발견할 때마다 당황스러움과 답답함을 느낍니다."

⑥ 부모님을 용서한다는 이야기를 쓰십시오. 이 부분은 매우 어려울 수 있습니다. 그러나 성령님을 의지하며 용서를 선택하십시오. 그리고 용서하는 내용을 최대한 자세히 쓰십시오.

"오랜 세월 동안 엄마, 아빠를 용서하지 못하는 제 마음은 편하지 않았습니다. 지금 이 시간 저는 엄마, 아빠를 용서하려고 합니다. 예수님께서 저를 용서하신 것처럼 저도 엄마, 아빠를 용서하게 해 달라고 기도하며 하나씩 적어 갑니다. 오빠를 편애하신 것을 용서합니다. 제 이야기를 귀 기울여 들어주시지 않은 것을 용서합니다. 제가 그토록 원할 때 제 곁에 있어 주시지 않은 것을 용서합니다."

⑦ 달라질 미래에 대해 언급하며 편지를 마무리하십시오.

"저는 지나간 시간 속에서 일어났던 일들을 바꿀 수는 없습니다. 그러나 그 일들을 받아들이는 제 마음을 바꾸고자 합니다. 저는 제 삶을 향한 하나님의 선하신 뜻이 이 모든 문제들보다 크심을 신뢰하며 부모님을 용서하는 마음 위에서 관계를 다시 세워 나갈 것입니다. 그리고 아이들에게 회복된 부모로 서도록 노력할 것입니다."

⑧ 하나님의 은혜에 감사드리고, 회복의 길을 걸을 수 있도록 기도하십시오.

"하나님! 돌아보니 지금까지 제게 주신 은혜가 충분하였기에 감사드립니다. 이제 저는 하나님께서 열어 두신 회복의 길을 걷기로 결단합니다. 때로는 용서하고 싶지 않은 마음이 앞서고, 힘든 회복의 길을 걷기보다 부모님의 탓으로 돌리며 합리화시키고 싶은 유혹을 받을 때도 있을 것입니다. 그때마다 저를 도우셔서 하나님을 전적으로 신뢰하는 '믿음'과 하나님의 사랑 안에서 지속하는 '용서'로 회복의 길을 걷기를 포기하지 않도록 도와주소서. 그리하여 하나님께서 원하시는 부모상에 한 걸음 더 다가서는 제가 되게 해 주소서. 예수님의 이름으로 기도합니다. 아멘."

나의 부모님으로부터 받았던 사랑, 그리고 상처들이 모두 나의 부모 됨에 좋은 자원들이에요.

앞의 예시에 따라 자신의 편지를 완성해 봅니다.

04 부부, 가정의 중심

이야기 한마디

[헨리 포드 부부 이야기]

헨리 포드가 자동차 왕이 되기까지는 쉽지 않은 과정이 있었습니다. 그는 퇴근 후 집 뒤뜰에 있는 낡은 창고에 처박혀 매일 자동차를 연구했습니다. 사람들은 밤을 새우면서 연구하는 그를 보고 미친 짓이라고 비웃었지만, 그의 아내는 달랐습니다. 겨울밤에는 추위에 떨면서도 남편을 위해 곁에서 등불을 비춰주며 함께 하였고, 남편의 꿈이 이루어질 것이라며 믿어주고 격려하고 응원했습니다.

시간이 흘러 헨리 포드가 자동차 회사를 세워 크게 성공했을 때 한 기자가 찾아와 다시 태어나면 무엇이 되고 싶은지를 물었습니다. 그때 그는 "내 아내의 남편이 되고 싶습니다. 아내와 함께 있을 수만 있다면 무엇으로 태어나도 상관없습니다."라고 대답했습니다.

훗날 헨리 포드는 은퇴하면서 고향에 자그마한 집을 한 채 지었습니다. 대기업의 총수가 살기에는 너무 작고 평범한 집이었습니다. 주위 사람들이 "호화롭지는 않아도 생활하는 데 불편하지는 않아야 하지 않을까요?" 걱정하며 물었습니다. 그러자 헨리 포드는 얼굴에 미소를 띠며 대답했습니다.

"가정은 건축물이 아닙니다. 비록 작고 초라해도 사랑이 넘친다면 그곳이야말로 가장 위대한 집이지요."

질문 1

아내는 남편에게 어떤 아내인지 그리고 남편은 아내에게 어떤 남편인지 나눠 봅시다.

? 질문 한 줄

질문 2

현재 결혼 몇 년 차인가요? 결혼한 지 얼마 후에 출산을 하였나요? 자녀 출산이 부부관계에 어떤 영향을 주었나요?

가정의 중심은 부부입니다. 어려울 때나 기쁠 때나 부부는 친밀함과 관심으로 지속적인 사귐을 통하여 하나님 앞에서 아름답게 하나됨을 형성해야 합니다. 그러나 자녀양육이나 직장생활의 분주함으로 서로에게 소홀한 생활을 하고 있지는 않습니까? 가장 우선되어야 할 것은 바로 부부관계입니다. 부부관계가 든든하고 안정적인 가정에서는 자녀들의 심리도 안정적입니다. 사이좋은 부부관계는 자녀와도 좋은 관계를 맺는 출발점입니다.

부부의 관계성은 부부 내에 한정되어야 하며 배우자끼리 공유해야 합니다. 그런데 그 관계에 틈이 벌어지면 관계가 확장되면서 문제가 생깁니다. 자녀가 부부 사이에 끼어 삼각 구도를 형성하거나 대리 배우자가 되기도 합니다. 가족치료사 보웬(M. Bowen)은 부부 체계가 가족 체계에서 가장 우선되는 하위 체계라고 말합니다.[7] 부부 체계 안에 자녀나 원가족, 또

7) 황지영, 『사이좋은 부모생활』 (아르카, 2022), pp. 105-106.

는 일 등이 개입되어 삼각 구도가 형성된다면 부부 체계가 건강하게 세워질 수 없습니다. 이러한 삼각 구도가 형성되지 않도록 가정의 중심은 부부가 되어야 합니다.

말씀 한 장

아담이 이르되 이는 내 뼈 중의 뼈요 살 중의 살이라
이것을 남자에게서 취하였은즉 여자라 부르리라 하니라
이러므로 남자가 부모를 떠나
그의 아내와 합하여 둘이 한 몸을 이룰지로다(창 2:23-24)

하나님께서는 결혼을 좋은 것으로 계획하시고 창조하셨습니다. 결혼은 말할 수 없이 아름답고 소중한 선물입니다. 하나님께서 창조하신 결혼 관계에서 우리는 외로워하지 않고 가정을 세우고, 자녀를 양육하며, 인생을 즐기고, 친밀한 관계를 누립니다. 그러나 결혼에는 더 큰 목적이 있습니다. 결혼 생활은 우리가 평생 동역자인 배우자의 도움을 받아 우리 자신의 문제와 자기중심성을 해결하고 성장해야 함을 드러내 줍니다.[8)]
이것을 바르게 이루기 위해 결혼은 떠나고 연합하고 하나가 되는 여정임을 다시 인식해야 합니다.

우리의 가정을 이루는 데에는 명확한 세 단계가 있습니다.

▷ 첫 번째 단계: 아버지와 어머니를 떠나라

부모를 떠나는 것은 지리적, 영적, 감정적, 경제적, 관계적 독립을 의미합니다. 부모에게서 제대로 떠나는 과정이 결혼의 첫 번째 단계입니다.

▷ 두 번째 단계: 배우자와 연합하라

연합한다는 것은 부부가 마음과 힘을 합해 생활해 나간다는 뜻입니다. 부부의 연합이란 남편과 아내가 상의하고 결정하여 가정을 세워 나가는 것입니다. 이렇게 부부가 연합하려면 먼저 각자가 하나님께 나아가 그분의 사랑으로 가득 채워져야 합니다. 하나님의 사랑이야말로 결혼을 결속시키는 사랑입니다.

▷ 세 번째 단계: 배우자와 하나되라

한몸이 된다는 것은 개인의 정체성을 버리고 배우자와 같아진다는 뜻이 아닙니다. 서로

---

8) 알렉스 켄드릭, 스티븐 켄드릭, 『부부, 사랑을 배우다』 (토기장이, 2019), p. 23.

의 정체성을 존중하고 받아들이며, 겸손과 사랑 안에서 함께 인생길을 걸어간다는 것을 뜻합니다. 그리고 부부는 서로의 깊은 정서적 필요를 채워주며 하나가 됩니다.[9)]

질문 3

떠나고 연합하고 하나가 되는 여정에서 우리 부부의 관계 성장을 위해 어떤 노력을 할 수 있을까요?

그런즉 믿음, 소망, 사랑, 이 세 가지는 항상 있을 것인데 그 중의 제일은 사랑이라(고전 13:13)

열매 한 알 **"사랑의 지도 그리기"**[10)]

당신은 배우자에 대해 얼마나 알고 있습니까? 다음 질문들에 대답하면서 각자 사랑의 지도가 어느 정도 정밀한지 느껴 보시기 바랍니다.

활동 방법

① 부부가 함께할 수 있는 시간을 정해서 마주보고 앉습니다.

② '사랑의 지도 그리기' 질문지를 읽으면서 질문에 대한 답을 각자 적어 봅니다.

③ 각자 적은 답을 보며 서로 잘 알고 있는 부분은 무엇인지, 또 잘 알지 못하는 부분은 무엇인지 이야기를 나눕니다.

아침에 남편(아내)의 곤히 잠든 모습을 살펴보세요.
그리고 서로의 심장과 심장을 맞대어 포옹해 보세요.

9) 황지영, 『사이좋은 부모생활』(아르카, 2022), pp. 113-119.

10) 최성애, 『최성애 박사의 행복 수업』(해냄, 2021), pp. 122-123.

우리 부부의 사랑의 지도 그리기 <아내용>

아내 이름: ____________

1. 남편의 가장 친한 친구 이름은?

2. 남편이 가장 좋아하는 음식은?

3. 남편이 가장 감명 깊게 보았던 영화나 소설은?

4. 남편이 가장 존경하는 사람은?

5. 남편이 요즘 가장 스트레스를 받고 있는 일은?

6. 남편이 최근에 가장 행복했던 일은?

7. 남편에게 하나님은 어떤 분이실까? / 하나님 이미지에 대해 말해 보기

8. 남편이 가장 두려워하는 일(사람)은?

9. 남편이 어릴 때 가장 자랑(수치)스러웠던 기억은?

10. 남편이 앞으로 5년 안에 꼭 이루고 싶어하는 꿈은?

우리 부부의 사랑의 지도 그리기 <남편용>

남편 이름: ___________

1. 아내의 가장 친한 친구 이름은?

2. 아내가 가장 좋아하는 음식은?

3. 아내가 가장 감명 깊게 보았던 영화나 소설은?

4. 아내가 가장 존경하는 사람은?

5. 아내가 요즘 가장 스트레스를 받고 있는 일은?

6. 아내가 최근에 가장 행복했던 일은?

7. 아내에게 하나님은 어떤 분이실까? / 하나님 이미지에 대해 말해 보기

8. 아내가 가장 두려워하는 일(사람)은?

9. 아내가 어릴 때 가장 자랑(수치)스러웠던 기억은?

10. 아내가 앞으로 5년 안에 꼭 이루고 싶어하는 꿈은?

05 자녀, 하나님의 선물

이야기 한마디

띵-동! 이제 결혼한 지 2년이 넘은 부부에게 하나님의 선물이 찾아왔습니다. 두 사람에게 엄마, 아빠라는 이름을 선물해주는 '자녀'가 찾아온 것입니다.

아이의 존재를 알게 되었을 때 두 사람은 눈물을 흘리며 기뻐했습니다. 아직 태어나지 않았지만, 존재만으로 행복해진다는 말의 의미를 온몸으로 느끼며 '행복이'라는 태명도 지어주었습니다. 엄마와 아빠는 속상하거나, 지친 하루를 보내다가도 행복이만 생각하면 기분이 좋아졌습니다. 태어나기까지 혹시나 잘못되지는 않을까 걱정하였지만 무럭무럭 자랐습니다. 여러 가지 검사를 하며 잘 자라가고 있다는 소식에 엄마와 아빠의 입술에는 기쁨과 감사가 넘칩니다.

엄마와 아빠는 행복이가 태어나 함께하게 될 모든 순간들을 기대하고 있습니다. 눈은 어떻게 생겼을까, 코는 어떻게 생겼을까, 또 누구를 닮았을까 궁금하기도 하지만 다른 어떤 것보다 엄마와 아빠는 행복이가 이 세상에 건강하게만 태어나기를 간절히 바라고 있습니다.

질문 1

임신한 사실을 처음 알게 된 때를 떠올려 봅니다. 그때 마음은 어떠했는지 나누어 봅시다.

? 질문한줄

기네스 세계 기록에 따르면, 세계에서 가장 많이 알려지고 불리는 노래는 'Happy Birthday to you'라고 합니다. 이 노래는 전 세계 누구나 일 년에 몇 차례씩 부르기 때문에 어떻게 보면 당연하다고 여길 수도 있겠지만 진심이 담긴 축복을 나와 함께하는 사람에게 전하고, 그가 내게 얼마나 소중한지를 생각하게끔 하는 매우 특별한 노래라고 할 수 있습니다.

하나님께서는 자녀를 통해 우리가 많은 것을 이해하고 깨닫게 하셨습니다. 아이를 낳거나 키우지 않았다면 절대 알 수 없는 것들을 배우게 하셨고, 알게 하셨으며, 그중에서도 아주 조금이지만 하나님의 마음을 느낄 수 있도록 하셨습니다.

자녀를 통해 우리는 많은 것을 새롭게 경험합니다. 아이가 세상에 나와 눈을 떴을 때 삶의 모든 순간이 기적임을 받아들이게 되고, 아이가 환하게 웃을 때 모든 고단함이 날아가는 경이를 경험합니다. 자녀의 뒤집기와 두 발로 걷는 것이 결코 당연한 것이 아님을 알며, 하나님께서 주시는 환희와 신비가 매일 주어지고 있음을 자녀를 통해 비로소 깨닫게 됩니다. 그러므로 자녀는 하나님께서 우리 가정에 주신 놀라운 선물입니다.

질문 2

자녀를 하나님의 소중한 선물로 생각하고 있나요? 일상 속에서 자녀를 대하는 나의 모습은 어떠한가요?

하나님께서는 신뢰와 기대를 가지고 부모에게 자녀를 맡기셨습니다. 부모는 자녀를 양육하는 것을 하나님의 일로 생각하고, 하나님의 뜻을 따르며, 하나님의 마음으로 감당해야 합니다. 청지기로서 진실한 마음으로 자녀를 바라보고 이해하며, 하나님께 받은 사랑으로 자녀를 길러야 합니다. 부모의 욕심과 기대를 투영시켜서는 안 되고, 자녀를 통해 부모의 삶을 보상받으려고 해서도 안 됩니다.

함께 아래의 그림을 살펴봅시다.

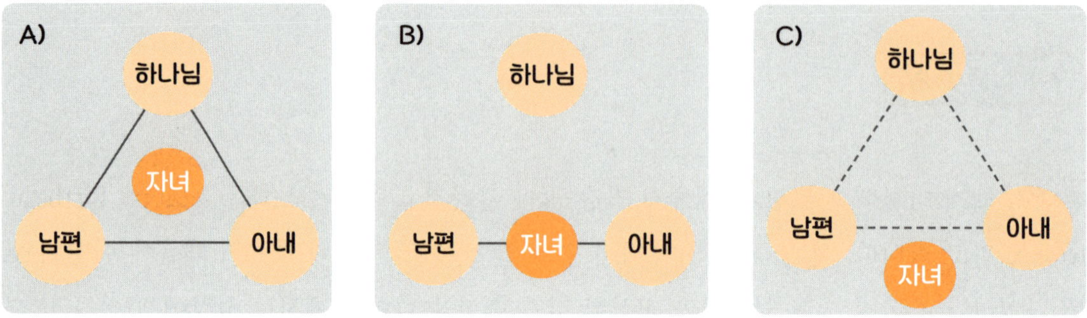

A) 남편과 아내는 하나님을 경외합니다. 또한 남편이 아내를 사랑하고 아내가 남편을 사랑합니다. 남편은 하나님 사랑을 기초로 하여 아내와 자녀를 사랑합니다. 아내 또한 하나님 사랑을 기초로 하여 남편과 자녀를 사랑합니다. 부부가 하나님을 경외하고 서로를 사랑할 때 자녀는 안정감 속에서 자랍니다.

B) 남편과 아내 사이에 자녀가 있습니다. 남편은 아내에게 주어야 할 사랑과 관심을 자녀에게 부어줍니다. 하나님의 사랑을 기초로 자녀를 대해야 하지만, 하나님은 멀리 계시기만 합니다. 아내 또한 남편에게 주어야 할 신뢰감과 존경과 사랑을 자녀에게 부어줍니다. 하나님 사랑이 중심이 되지 못하고, 자녀가 가정의 구심점이 되어 남편과 아내는 서로를 향한 관심과 사랑을 자녀에게 주는 것으로 대체합니다. 이 가정에서 자란 자녀는 부모의 과잉 사랑과 헌신으로 자기 자신을 모든 사람의 우위에 두며, 부부의 사이가 틀어지는 경우에는 엄청난 스트레스를 받게 됩니다.

C) 남편이 아내를 사랑하고 아내가 남편을 사랑합니다. 남편과 아내는 하나님 사랑을 기초로 하여 자녀를 사랑한다고 하지만, 자녀 양육에 있어서는 하나님의 말씀보다 세상적 가치관을 따라갑니다. 그 결과 자녀는 신앙적 가치관과 세상적 가치관 사이에서 혼란을 겪고, 하나님과 부모로부터 멀어지게 됩니다.

질문 3

위의 그림 중 우리 가정은 어느 유형에 가깝나요? 왜 그렇게 생각하나요?

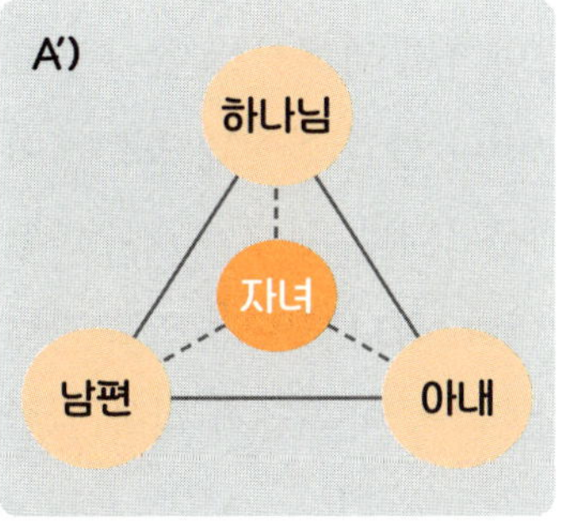

A′) 자녀는 부모가 하나님을 경외하고 하나님의 사랑을 기초로 하여 서로를 사랑하며 존중하는 모습을 보며 자랍니다. 이 가정을 이루는 중심축은 하나님을 경외하는 믿음입니다. 하나님과 부모 사이에 있던 자녀가 부모와 함께 하나님을 경외하고 부모를 사랑합니다. 가정의 중심축이 믿음이 될 수 있는 가장 중요한 이유는 자녀를 나의 소유로 여기지 않고 하나님께서 위임하신 것을 기억하며 양육했기 때문입니다.

말씀 한 장

한나가 기도하여 이르되 내 마음이 여호와로 말미암아 즐거워하며
내 뿔이 여호와로 말미암아 높아졌으며
내 입이 내 원수들을 향하여 크게 열렸으니
이는 내가 주의 구원으로 말미암아 기뻐함이니이다(삼상 2:1)

레위 가문의 엘가나에게 시집온 한나는 오랜 기간 아이를 가지지 못했습니다. 그 시대에는 아이를 잉태하지 못하는 일을 저주로 여겼기에 상상할 수 없을 만큼의 비참함과 비통함이 한나에게 가득했습니다. 그러나 한나는 그 자리에 머무르지 않았습니다. 도리어 생명의 주권이 하나님께 있음을 붙잡고, 자신에게 드리워진 고통의 깊이만큼 하나님을 더욱 간절히 찾았습니다. 마침내 하나님께서는 한나의 기도를 들으셨고, 사무엘을 선물로 보내주셨습니다. 아이가 태어난 후에도 한나는 생명의 주권이 하나님께 있음을 인정하고 사무엘을 하나님께 드렸습니

다. 한나가 이렇게 할 수 있었던 이유는 사무엘이 나의 소유가 아닌 하나님의 소유임을 인정했기 때문입니다. 그랬기에 한나는 기도의 응답으로 받은 소중한 아이를 하나님께 내어드리고 감사와 기쁨의 기도를 올려드릴 수 있었습니다.

당신은 활이요, 자녀는 생명을 가진 화살입니다.
궁수(조물주)는 무궁한 괘도 위의 표적을 향하여 힘껏 당신 활을 당겨
화살이 빨리 그리고 멀리 가게 할 것입니다.
그때 당신은 기쁨으로 궁수의 손에 당신의 몸을 맡기고 굽히세요.
그분은 탄탄한 활을 사랑하니까요.[11)]

부모와 자녀의 관계는 활과 화살에 비유할 수 있습니다. 화살이 날아가기 위해서는 활이 필요하고, 활이 원하는 목적을 이루기 위해서는 화살이 필요합니다. 그러나 활과 화살만으로는 아무것도 할 수 없습니다. 궁수가 활을 당겨야 화살을 쏠 수 있기 때문입니다. 부모는 궁수이신 하나님께서 가리키시는 방향과 목적을 따라 자녀를 양육해야 합니다. 하나님의 눈으로 자녀를 바라보고, 하나님의 말씀 안에서 자녀를 길러낼 때 우리 자녀는 더욱 아름답게 빛을 발할 수 있을 것입니다.

열매 한 알 "오늘은 내가 주인공"

하나님의 선물인 자녀와 함께 다양한 재료를 활용하여 자녀의 얼굴을 만들어 봅니다. 활동하면서 어떤 점이 부모를 닮았는지 이야기하며 하나님께 감사하는 시간을 가집니다. 또한 자녀가 어떠한 하나님의 아이로 자라갈지 소망하며 자녀를 축복합니다.

11) 칼릴 지브란, 유정란 역, 『예언자』(더클래식, 2019), p. 21.

준비물

뻥튀기, 눈·코·입·귀가 될 과자, 젤리, 쫀드기, 꿀(조청)

활동 방법

① 부모님과 자녀가 함께 거울을 보며 자녀의 머리카락, 눈, 코, 입 등 이목구비를 함께 관찰합니다.
예) "눈은 어디 있나 요기~ 코는 어디 있나 요기~ 입은 어디 있나 요기~ 귀는 어디 있을까?"

② 뻥튀기 위에 준비한 재료로 이목구비와 머리카락을 붙여줍니다.
예) "우리 OO(이)의 눈은 동글동글 너무 사랑스러워. 이 눈이 하나님께서 바라보시는 곳을 바라볼 수 있게 해주세요."
예) "우리 OO(이)의 오밀조밀한 입은 참 귀여워. 이 입이 하나님을 찬양하고, 사랑의 말을 하는 입이 되게 해주세요."

③ 자녀의 얼굴을 완성한 후, 자녀에게 축복하며 사랑한다고 고백합니다.

목을 가누지도 못하던 때가 엊그제 같은데 어느새 뛰어다니는 자녀가 놀라워요!
하루하루 쑥쑥 자라나는 자녀들은 하나님의 선물이랍니다~

06 자녀 발달과 양육

이야기 한마디

#1

민준이는 요즘 눈에 보이는 모든 것에 관심이 많습니다. 이곳저곳 구석구석을 탐색하기도 하고, 질문을 자주 합니다. 질문에 답하면 "왜?" "왜 그래야 하는데?"라고 끊임없이 되묻습니다. 모든 질문에 일일이 다 대답하기가 점점 힘이 듭니다. 특히 똑같은 상황에서 똑같이 물어올 때면 어떻게 해야 좋을지 난감합니다.

#2

이제 33개월이 된 예은이는 반항심이 많아졌습니다. 무언가를 하라고 할 때마다 "싫어!"라고 말합니다. 그때마다 '괜찮아. 난 벽이다. 감정이 없다.' 생각하며 계속 시키는데 너무 뺀질거리는 예은이를 보면 속이 터집니다. 특히 밖에 나갔다 돌아온 후에 손을 씻기려고 욕실로 향하면 싫다고 울고불고 난리입니다. 그때마다 눈을 부라리며 "박예은!!" 단호하게 말했더니, 이제 내성이 생겨서 더 뺀질거리는 건 아닌가 하는 생각이 듭니다.

질문 1

끊임없이 질문하는 자녀에게 화가 난 적이 있나요? 자녀가 질문할 때 어떻게 반응하나요?

질문 2

자기주장이 강해지는 자녀를 대할 때 부모로서 어떤 마음(감정, 태도)이 드나요? 자녀가 왜 그런다고 생각하나요?

? 질문한줄

에릭 에릭슨(E. Erikson)의 심리 사회적 발달이론을 참조하여 자녀의 발달단계를 살펴봅시다.

1. 영아기(출생-18개월): 신뢰감 대 불신감

영아기는 부모가 아기에게 미치는 신체적, 심리적 영향력이 가장 큰 시기로 자녀 성격 형성에 매우 중요한 시기입니다. 건강한 인격 형성을 위해 부모는 아기와 애착 관계를 형성하는 것이 중요합니다. 애착 관계를 잘 맺었을 때, 아기는 자신을 긍정적으로 인식하고 세상을 안전하고 예측 가능하고 친밀한 곳으로 받아들이기 때문입니다.[12] 애착 관계는 엄마의 수유,

12) 이기복, 『이기복 교수의 성경적 부모교실』(두란노, 2010), p. 86.

울음과 표정에 대한 반응, 신체적 접촉(특히 안아주기), 일관성 있고 지속적인 돌봄 등을 통해 형성할 수 있습니다. 기억할 것은 모든 것을 완벽하게 수행하지 않아도 된다는 점입니다. 발달단계를 정립한 에릭슨은 아기에게 어느 정도의 불신감 경험도 필요하다고 말합니다. 완벽해야 한다는 조바심을 내려놓고, 불신감에 비해 기본적 신뢰감을 더 경험할 수 있도록 노력한다면 건강한 애착 관계를 형성할 수 있을뿐더러 부모 자신이 죄책감에 빠지지 않을 수 있습니다.[13] 이 시기에 애착 관계가 잘 형성되지 않았더라도 이후에 애착 관계를 형성하기 위해 노력하며 보완할 수 있습니다.

또한 이 시기는 신앙의 뿌리를 만드는 데 도움을 줍니다. 부모를 향한 신뢰는 보이지 않는 하나님을 향한 신뢰로 이어져 신앙을 형성하도록 돕기 때문입니다.

2. 유아기-걸음마기(18-36개월): 자율성 대 수치심과 의심

이 시기 유아는 걸음마를 배우며 스스로 주위를 탐색합니다. 유아는 한 걸음씩 발을 떼며 조금씩 멀어졌다가 다시 돌아와 엄마 품에 안기는 과정을 반복하면서, 마음속에 엄마를 품고 분리 독립하는 과정을 겪습니다. 이를 통해 유아는 엄마를 직접 보지 않아도 점점 불안해하지 않을 수 있습니다. 예를 들면 엄마가 직장에 가거나, 외출을 하거나, 자신이 어린이집에 있는 동안 불안해하지 않고 잘 지내는 것입니다. 따라서 아기가 걸음마를 배울 때는 "잘한다, 우리 아기!" 등 칭찬하며 '엄마는 여기서 기다릴게. 걱정 말고 다녀와.'라는 마음으로 자녀에게 안정감을 주어야 합니다.

두 돌이 지나면 유아는 엄마와 자신을 구별하며 자아가 발달하기 시작하고 자신의 의지를 드러냅니다. 그리고 유아가 의지를 드러내며 시도한 그 일을 성취함으로써 '자율성'을 획득합니다. 자율성은 유아가 사용하는 언어에도 나타납니다. 주로 '나', '내 거야!', '싫어!', '안 해!' 등의 자기주장의 표현을 자주 합니다.[14] 이것은 좋고 싫은 것을 스스로 선택할 수 있는 자율성의 표현입니다.

부모는 자녀가 무언가 스스로 시도해 볼 수 있는 기회를 주고 자신이 하는 일을 성취할 수 있도록 도와야 합니다. 이때 부모는 자녀가 스스로 한 일에 대해 칭찬과 격려를 함으로써 자

---

13) 정진아, "촉진적 환경으로의 '적당한 엄마 되기'(Good Enough Mothering) 역할이 자녀의 자율에 미치는 영향에 관한 연구" (장로회신학대학교 대학원: 목회상담학, 2013), p. 42.

14) 양금희, 『기독교 유아·아동교육』 (대한기독교서회, 2011), p. 88.

녀가 자기효능감을 갖도록 도울 수 있습니다.[15)]

부모는 자녀가 자기 마음대로만 행동하지 않고 사회적으로 적합한 행동을 하도록 훈련시켜야 합니다. 이때 유아는 이중 요구를 따릅니다. 하나는 자기 통제를 위한 요구이고 다른 하나는 주변 사람으로부터 통제를 받아들여야 하는 요구입니다. 예를 들어, 배변 훈련을 통해 유아는 스스로를 통제하고자 하는 욕구와 함께 때와 장소를 구별해야 하는 사회적 요구를 알게 됩니다. 유아가 건강한 자율성을 획득하도록 하기 위해서 부모는 자녀가 배변을 잘 가렸을 때 칭찬하고, 실수했을 때 수치심을 주기보다 격려해야 합니다.[16)]

이 시기의 유아는 모방하며 배웁니다. 설명하면 알아듣지 못할 수 있지만, 눈에 보이는 대로 따라 하면서 배웁니다. 그러므로 이때 부모가 좋은 본을 보이는 것이 특히 중요합니다. 신앙교육에 있어서도 부모가 찬양하는 모습, 말씀 듣는 태도, 기도하는 자세 등을 보여줄 때 효과적으로 양육할 수 있습니다.[17)] 구체적인 예로, 자녀가 잠자리에 들기 전에 성경 이야기를 들려주고 대화하며 함께 기도하는 것입니다. 자녀는 잠들기 전 부모와 함께 기도함으로 하나님의 임재를 경험할 수 있습니다. 또한 식사 시간에 감사 기도를 드리는 것입니다. 이때 서툴더라도 자녀가 직접 기도할 수 있도록 도와줍니다. 게다가 이 시기 유아는 교회학교에 조금씩 흥미를 보이므로 교회학교 예배에 참여하게 한다면 하나님께로 보다 가까이 이끌 수 있습니다.

3. 유아기-학령전기(36-72개월): 주도성 대 죄책감

이 시기 유아는 역할 놀이나 과업을 통해 주도성을 획득하거나 죄책감을 느낍니다. 주도성은 자녀가 성취를 경험할 때 기를 수 있습니다. 그러므로 부모는 자녀 스스로 무언가를 해볼 수 있는 기회를 주어야 합니다. 자녀가 과업을 수행하기 어려워한다면 은연중에 도움을 주어서 일을 해낼 수 있도록 도와주는 것도 방법입니다. 실패의 경험이 누적된다면 죄책감이 형성되기 때문입니다. 특히 유아 스스로가 그 일을 해내도록 기회를 주지 않고 기다려주지 못할 때 죄책감이 생깁니다. 그러므로 작은 일이라도 해낸다면 칭찬하고, 설혹 일을 잘 해내

---

15) 이기복, 『이기복 교수의 성경적 부모교실』(두란노, 2010), p. 89.

16) 양금희, 『기독교 유아·아동교육』(대한기독교서회, 2011), pp. 89-89.

17) 신형섭, 『자녀 마음에 하나님을 새기라』(두란노, 2020), p. 132.

지 못하더라도 기다려주며 격려하는 것이 중요합니다.[18)]

역할 놀이는 타인의 감정과 마음을 이해하고 공감 능력을 키울 수 있는 좋은 기회입니다. 부모는 다양한 역할 놀이를 통해서 유아들이 다른 사람의 관점을 경험할 수 있도록 유도할 수 있습니다. 놀이방이나 유치원에서 부모님 외의 사람들과 대인관계를 맺기 시작하는 유아에게 이는 함께 살아가는 법을 배우는 장이 될 수 있습니다.

유아 후기라고도 하는 이 시기의 유아는 호기심이 많아서 엄마와 아빠에게 끊임없는 질문을 합니다. 호기심과 질문은 지능과 창의성과 탐구심을 형성하는 중요한 요소입니다.[19)] 자신을 둘러싼 환경에 호기심이 왕성해지며 많은 질문과 탐구심을 드러냅니다. 호기심이 왕성한 유아는 주변의 사물이나 장난감 등을 뜯어보거나, 만져보거나, 떨어뜨리는 등 엉뚱한 사건을 만들기도 합니다. 이런 호기심은 부모를 화나게 하고 당황하게 합니다. 그러나 이때 화내기보다 자녀 행동의 동기나 의도에 대해 이야기 나누거나 자신의 행동을 언어로 표현하게 함으로써, 자신의 행동이 적절했는지 돌아보고 부모의 의견을 들어보는 과정을 거쳐야 합니다. 이렇게 할 때 다른 문제 상황이나 호기심이 발동할 때 적절하게 문제를 해결하는 능력이 키워지기 때문입니다. 부모는 되도록 다양하게 느껴보고 조작할 수 있는 장난감을 선택해주며, 무엇보다도 자녀의 호기심을 인정해주고 같이 즐겨주는 것이 필요합니다.

이 시기 아이들은 직관과 상상을 통해 세상과 하나님을 경험합니다. 그러므로 말로 설명하는 것보다 따뜻한 관계 속에서 체험하는 것이 효과적입니다. 예를 들어 말로만 하나님을 전하는 것보다 오감을 활용하여 하나님의 말씀을 상상해 보는 것입니다. 이때 집 안에 있는 장난감이나 종이 등을 활용하여 상상력을 자극하거나 역할 놀이를 통해 성경 인물이 직접 되어 보며 이야기 속으로 들어가는 것도 좋은 방법입니다.[20)]

---

18) 양금희, 『기독교 유아·아동교육』(대한기독교서회, 2011), pp. 89-90.

19) 이기복, 『이기복 교수의 성경적 부모교실』(두란노, 2010), p. 94.

20) 신형섭, 『자녀 마음에 하나님을 새기라』(두란노, 2020), pp. 134-135.

질문 3

자녀의 주도성을 키워줄 수 있도록 돕는 방법은 무엇이 있을까요? 나의 경험을 나눠 봅시다.

말씀 한 장

부모는 자녀가 자신의 인생을 건강하고 아름답게 살 수 있도록 자녀의 발달 단계를 이해하고 '충분히 좋은(good enough) 부모'의 역할과 과제를 수행해야 합니다. 영국의 정신분석가인 도널드 위니캇(Donald W. Winnicott)이 이야기하는 충분히 좋은 부모는 좋은 부모가 되어야 한다는 당위나 책임에 대한 이야기가 아닙니다. 그가 말하는 충분히 좋은 부모란 아이의 심리 성장과 발달에 가장 적절하게 반응하는 양육자를 말합니다.[21] 위니캇은 부모가 아이를 낳고 품에 안아 어르고 먹이고 씻기고 재우며(그리고 걱정하고 실망하고 미워하고 화내며) 느끼고 반응함으로 이미 충분히 좋은 부모라고 말합니다. 위니캇이 말하는 '충분하다'는 완벽하다는 의미가 아님을 보여줍니다.[22] 충분히 좋은 부모로부터 아이는 조금씩 자신만의 내면을 키워 가기 시작하며 '참 자기'(True self)가 발달하고 자신에게 적절한 삶을 살아가게 됩니다. 이런 과정을 거치며 자녀가 하나님의 부르심에 응답하여 신앙의 홀로서기를 할 수 있도록, 부모는 선한 청지기의 마음으로 기도하며 성령님의 도우심과 지혜를 구해야 합니다.

기억할 것은 하나님은 실수할 수 있는 사람인 요셉과 마리아에게 예수님을 맡기셨다는 것입니다. 완벽하지 않은 요셉과 마리아는 예루살렘에서 예수님을 잃어버리는 상상조차 하기 싫은 일도 겪었습니다. 그러나 요셉과 마리아는 예수님에게 모든 것을 다 채워줄 수는 없을지라도 분명 하나님을 바라보며 예수님에게 사랑을 주고자 애쓰고, 보다 좋은 부모가 되고자 노력했을 것입니다. 예수님을 잃어버렸던 사건이 적힌 구절의 마지막 부분에서 예수님이 어떻게 자라셨는지 말씀하시는 것을 보면 알 수 있습니다.

예수는 지혜와 키가 자라가며
하나님과 사람에게 더욱 사랑스러워 가시더라(눅 2:52)

---

21) 최영민, 『대상관계이론을 중심으로 쉽게 쓴 정신분석이론』(학지사, 2014), p. 530.

22) 도널드 위니캇, 김건종 역, 『충분히 좋은 엄마』(펜연필독약, 2022), p. 15.

하나님을 바라보며 예수님을 양육할 때, 하나님은 요셉과 마리아를 통해 예수님을 신실하게 기르셨습니다. 하나님은 오늘날 우리를 통해서도 우리의 자녀를 양육하십니다. 하나님을 바라보며 주님의 사랑을 흘려보내고자 노력하는 부모를 통해, 하나님은 분명 우리 자녀의 지혜와 키가 자라가게 하시며 하나님과 사람에게 더욱 사랑스러워지도록 기르실 것입니다.

열매 한 알 "우리 자녀 성장일지"

하나님께서 허락하신 우리 자녀가 신생아 때부터 지금까지 변화된 과정을 돌아봅시다. 자녀와 함께 살펴보며 지금까지 인도하신 하나님께 감사하고, 앞으로 성장해 갈 자녀의 삶 가운데 적절한 부모의 역할을 감당하기를 다짐합니다.

활동 방법

① 성장 시기에 맞춰 알맞은 사진을 해당 칸에 붙입니다.
② 사진을 보며 자녀와 함께 그동안에 있었던 추억들을 이야기합니다.
③ 그때 우리를 향한 하나님의 마음이 어떠했을지 나눕니다.

영유아 양육, 너무 어렵지요?! 맞아요. 모든 영유아 부모가 같은 고민을 하고 있습니다.
부모 역할이 처음이라 그렇습니다.

수유하는 모습,
품에 안은 모습,
다독이는 모습,
목욕시키는 모습 등의 신생아 사진

"엄마 아빠와 더욱
가까워졌어요."

"걸어 다니며
세상을 만났어요."

걸음마 모습

싱크대나 서랍을 열고 만지는 모습,
엄마, 아빠의 물건을 가지고 노는 모습

"보고 느끼고
경험하고 싶어요."

"엄마 아빠처럼
기도해요."

교회학교 예배 참여 모습,
가정에서 예배드리는 모습

스스로 밥 먹는 모습,
스스로 옷을 입거나 벗는 등의 모습

"나도 할 수 있어요."

"역할 놀이해요."

엄마 아빠와 신나게 놀이하는 모습,
친구들과 역할 놀이하는 모습

07 하나님이 주신 은사

이야기 한마디

부모 참관 수업을 다녀온 후 저는 하엘이에게 궁금한 것이 많아졌습니다. 집에 있을 때는 전혀 몰랐던 하엘이의 모습을 오늘 참관 수업에서 보았기 때문입니다. 하엘이는 다른 또래 여자아이들과 같이 인형 놀이와 역할극을 즐깁니다. 퇴근 후 남편과 인형을 세워두고 선생님 놀이도 하고 엄마 놀이도 곧잘 하기에 역할 놀이를 위한 충분한 놀잇감과 환경을 제공해주었다고 생각했습니다.

그런데 오늘 수업 시간에 하엘이가 집에서는 못 본 가위질도 척척 해내고 블록을 가지고 오랜 시간 흥미롭게 노는 모습을 보았습니다. '집에서는 잘 하지 않은 놀잇감이라 더 흥미를 가지는 것일까? 하엘이는 무엇을 좋아하는 아이일까? 내가 만들어준 놀이 공간과 환경이 하엘이에게 잘 맞는 것일까? 어떤 것을 잘하는 아이로 자라게 될까? 잘 크고 있다고 믿어왔는데, 혹시 내가 하엘이의 성장에 놓치고 있는 것은 없을까?'

나의 시각과 잣대로 하엘이를 바라보기보다 하엘이의 특성을 통해 하엘이를 보고 싶어졌습니다. 어떤 기준으로 관찰해야 할까 고민하다 보니 벌써 남편의 퇴근 시간이 다가옵니다. 오늘 밤엔 하엘이를 재워두고 남편과 함께 하엘이 이야기를 좀 더 해야겠습니다.

질문 1

우리 아이가 좋아하는 것은 무엇인가요? 내가 좋아하는 것을 강요하지는 않았나요?

? 질문 한 줄

아이들을 양육하다 보면 무의식적으로 부모의 충족되지 않았던 유아기 욕구를 자녀에게 충족시켜 주려는 시도를 하게 됩니다. 이때 부모가 바르게 의식하지 않으면, 자녀를 하나님의 계획이 아닌 자신의 계획과 의지대로 양육하게 됩니다. 부모는 자연스럽게 자녀의 성장 과정을 기대하고 예의주시합니다. 또한 주변 사람들이 어떤 평가를 할지에 대한 주변의 시선도 의식하게 됩니다. 그러나 분명히 알아차려야 할 것은 우리 자녀들에게는 하나님의 계획이 있다는 것입니다. 하나님의 자녀라는 정체성은 아주 어린 젖먹이 시절부터 부모를 통해 습득하게 됩니다. 그래서 하나님의 시선을 따라 자녀를 바라보는 연습이 필요합니다.

하나님께서 우리 자녀에게 주신 은사는 무엇일까요? 부모는 자녀의 은사 계발을 위해 꾸준히 자녀를 관찰하고 재능을 발견해야 합니다. 또한 자녀가 다양한 환경을 경험할 수 있도록 기회를 제공하며 안전한 울타리가 되어주어야 합니다. 은사의 계발은 마치 숨겨진 보화를 발견하고 하나님께서 원하시는 곳에 사용되도록 조력하는 과정과 같습니다.

유아기 시기의 아이들은 많은 관찰이 필요합니다. 누리과정의 관찰·평가 부분에 따르면 관찰은 영유아의 특성과 변화 정도를 이해하는 것으로서 아이들의 말, 표정, 몸짓 등 놀이 속에서의 의미와 특성을 주목해서 보는 것이라고 합니다. 자녀의 상태를 설명하고자 객관적으로 관찰하는 것이 아니라 자녀를 이해하기 위해 그들의 모든 행위에 귀기울이는 것입니다. 관찰의 목적은 영유아의 행복과 전인적 발달을 지원하는 것에 있습니다. 의미 있다고 생각되는 놀이, 활동, 일상의 모든 경험과 행동, 말과 표정은 관찰의 대상이 됩니다.

질문 2

나는 자녀에게 다양한 경험을 할 수 있는 환경을 제공해주고 있나요? 자녀가 가장 좋아하는 활동은 무엇인가요?

말씀 한 장

하나님께서 만드신 우리 자녀는 세상에 하나밖에 없는 소중한 하나님의 자녀입니다. 또한 자신의 독특한 개성을 지닌 고유한 존재입니다. 하나님께서는 우리를 각각의 고유성을 가지고 살아갈 수 있도록 창조하셨기에 이 세상에는 나와 똑같은 사람이 한 사람도 없습니다. 그리고 우리 자녀에게는 하나님께서 주신 선물, 곧 은사가 있습니다. 은사의 원어적 의미는 성령께서 자유롭게 주시는 선물(charisma)[23]입니다.

은사는 여러 가지나 성령은 같고 직분은 여러 가지나 주는 같으며
또 사역은 여러 가지나 모든 것을 모든 사람 가운데서 이루시는 하나님은 같으니
각 사람에게 성령을 나타내심은 유익하게 하려 하심이라(고전 12:4-7)

고린도 교회 사람들은 은사를 사역의 능력이 아닌, 자기의 능력으로 생각했습니다. 그래서 누가 가장 뛰어난 능력을 가지고 있는지 경쟁하며 교회를 분열시키는 결과에까지 이르게 되었습니다. 그 이유는 그들이 은사가 무엇인지, 왜 주어졌는지, 어떻게 사용해야 하는지를 몰랐기 때문입니다. 성령의 은사는 하나님과 이웃을 섬기는 일을 위하여 주어지는 것입니다. 그리고 그 섬김을 통해서 섬기는 이에게 구체적인 유익을 주려는 것입니다. 성령의 은사는 자기실현을 위해 사용되는 것이 아니라 신앙 공동체의 성장을 위해 주어지는 것이며 궁극적으로는 하나님의 영광을 드러내기 위한 것입니다.

23) 카리스마(charisma)는 헬라어로, 사역을 위한 선물이라는 의미로 사용되기도 한다.

너희는 더욱 큰 은사를 사모하라
내가 또한 가장 좋은 길을 너희에게 보이리라(고전 12:31)

바울은 고린도전서 12장 끝에서 더욱 큰 은사를 사모하라고 말합니다. 그리고 이어지는 고린도전서 13장에서 그것이 '사랑'이라고 말합니다. 사랑 안에서 우리 자녀들이 하나님께 쓰임받는 기쁨을 누리고 다른 사람의 삶을 축복으로 이끄는 삶이 되도록 인도해 갈 수 있습니다. 양육의 과정에서 자녀가 은사를 발견하여 이웃과 하나님을 위하여 쓰임받는 사람으로 자라갈 때 우리에게 은사를 주신 하나님께서 기뻐하실 것입니다.

질문 3

나의 자녀에게 주신 하나님의 은사는 무엇이라고 생각합니까? 아직 알 수 없다면, 자녀의 은사를 발견하기 위하여 어떤 노력이 필요할까요?

열매 한 알 **"은사 발견하기"**

부모는 자녀의 은사 계발을 위해 꾸준히 자녀를 관찰하고 재능을 발견해야 합니다. 이번 한 주간 자녀가 흥미를 느끼며 집중하는 순간이 어느 때인지, 그리고 부모로서 놀이에 참여하는 태도는 어떠한지 아래의 체크리스트를 통해 파악해 보고 관찰 일기를 작성해 봅니다.

여러분의 자녀가 또래 아이보다 언어발달이 느려서 걱정되시나요?
걱정하지 마세요! 아직 발견되지 않은 좋은 것들이 있답니다~

1. 부모의 놀이 참여 태도 체크리스트[24)]

각 문항을 읽고 자신이 자녀에게 보이는 행동과 가장 일치하는 것에 체크(√) 표시해주세요.

번호	문항	전혀 그렇지 않다	그렇지 않다	보통이다	그렇다	매우 그렇다
1. 민감하게 놀기						
1	아이의 표정이나 몸짓을 보고 놀이를 하고 싶은지 안다.					
2	아이가 놀이를 하면서 하는 말이나 행동의 의미를 이해한다.					
3	아이가 평상시 흥미를 느끼거나 관심을 가지고 있는 놀이가 무엇인지 안다.					
4	놀이 중에 아이의 기분 변화를 안다.					
5	놀이를 할 때 아이가 나에게 무엇을 원하는지(역할, 도움, 반응 등) 안다.					
6	아이가 놀이에 집중할 때는 아이를 그냥 지켜본다.					
7	아이가 어떤 놀잇감을 고를 때 그것을 가지고 무슨 놀이를 할지 안다.					
2. 반응적으로 놀기						
1	아이가 놀잇감을 스스로 선택하도록 존중하고 기다린다.					
2	아이와 놀 때 아이를 쳐다보면서 논다.					
3	아이가 놀이할 때 흥미를 보이는 대상에 함께 관심을 기울이며 반응을 한다.					
4	아이와 놀이하면서 도움을 요청하면 도와주거나 스스로 할 수 있도록 돕는다.					
5	아이가 놀이에서 하는 말이나 행동에 긍정적인 말(경청, 공감, 격려)을 해준다.					
6	아이가 놀이에서 보여주는 신호(얼굴 표정, 동작, 의성어 표현 등)에 반응하려고 노력한다.					
7	아이와 놀이할 때 내 목소리나 행동을 아이의 기분에 맞춘다.					
3. 즐겁게 놀기						
1	아이와 함께 집중해서 논다.					
2	아이가 즐기는 놀이라면 내가 익숙하지 않아도 관심을 갖고 함께 논다.					
3	아이의 눈높이(놀이 수준)에 맞추어 적극적으로 논다.					
4	바빠도 아이와의 놀이시간을 가지려고 노력한다.					
5	아이와의 놀이 중 아이의 즐거운 감정을 함께 느낀다.					
6	기존의 놀이규칙에 연연하지 않고, 아이와 새로운 아이디어를 내는 것이 흥미롭고 재미있다.					
7	아이와 즐겁게 놀이를 시작해서 즐거운 기분으로 마무리한다.					

24) 권은주, "영유아 놀이 관찰기록과 공유를 통한 보육교사와 부모의 변화 및 경험" (대구한의대학교 일반대학원: 복지관리학과 아동복지학, 2022), p. 122.

2. 관찰 일기

<table>
<tr><td>관찰 일시</td><td>20　　년　　월　　일</td><td>놀이 장소</td><td></td></tr>
<tr><td>놀잇감</td><td colspan="3"></td></tr>
<tr><td colspan="4">주제별 관찰 결과</td></tr>
<tr><td colspan="4">1) 놀이활동 내용</td></tr>
<tr><td colspan="4">2) 놀이과정에서 관찰된 점</td></tr>
<tr><td colspan="4">3) 부모의 반응</td></tr>
</table>

08 가정, 복의 통로

이야기 한마디

"

아내와 사별하고 7살 딸아이를 홀로 키우는 아빠는 다가오는 아이의 7번째 생일이 유독 버겁게 느껴졌습니다. 코로나로 인해 직장을 잃으면서 기초생활수급자가 되었을 뿐만 아니라 엎친 데 덮친 격으로 아이가 피부병까지 앓게 되면서 큰 지출을 감당해야 했기 때문입니다. 어찌어찌 달걀 반찬으로 생일상을 차렸지만 미안함이 사무쳤습니다. 그 미안함을 최대한 감추고 딸에게 물었습니다. "뭐 먹고 싶어?" 딸이 답했습니다. "케이크, 피자하고 치킨!" 어떻게든 딸이 원하는 것을 해주고 싶었지만, 수중에 있는 돈은 500원 남짓이었습니다. 그는 몇 차례 주문했던 피자집에 "7살 딸아이를 혼자 키우고 있습니다. 오늘이 아이 생일인데 당장에 돈이 없어 간곡히 부탁의 말씀을 드립니다. 20일 기초생활비 받는 날 값을 치르겠습니다."라는 메모와 함께 피자를 주문했습니다. 잠시 후 '딩동' 하고 초인종이 울렸고, 문을 열어보니 피자가 도착해 있었습니다. 도착한 피자 상자에는 "부담 갖지 마세요! 따님이 피자 먹고 싶다고 하면 언제든지 연락주세요!"라는 문구가 적혀 있었습니다. 코로나 때문에 사정이 어려워진 건 피자집 주인도 마찬가지였지만 그럼에도 사정을 딱하게 생각하고, 힘내시라는 말과 함께 선뜻 선행을 베풀었던 것입니다. 피자를 받은 아빠는 말로 다 할 수 없는 고마움과 따뜻함에 흘러내리는 눈물을 훔쳤습니다.

"

질문 1

누군가에게 도움을 주거나 받아본 경험이 있나요? 언제, 어떤 상황이었는지 나눠 봅시다.

? 질문 한 줄

우리는 많은 사람과 도움을 주고받으며 살아갑니다. 누군가를 돕는 일은 단순하고 간단해 보이지만, 거기에는 놀라운 비밀이 숨겨져 있습니다.

한 상인이 사막에서 길을 잘못 들었다가 우연히 오아시스를 발견했습니다. 오아시스에는 물과 그늘이 풍성했고, 그 옆에는 사막을 오가는 지름길까지 숨겨져 있었습니다. 놀라운 사실을 발견한 상인은 아무에게도 알리지 않고 혼자서만 이 오아시스와 지름길을 차지하기로 마음먹었습니다. 많은 사람이 그 길을 오가며 오아시스를 이용하다 보면 언젠가는 그 물이 말라버릴지 모른다고 여겼기 때문입니다. 그래서 그는 오아시스가 발견되지 않도록 옆에 서 있던 키 큰 야자수를 잘라버렸습니다. 며칠 뒤 장사를 끝내고 돌아오던 상인은 깜짝 놀랐습니다. 야자수가 잘려 그늘이 사라진 탓에 물이 모두 말라버린 오아시스만 덩그러니 남아 있었기 때문입니다. 상인이 욕심을 부리지 않았다면 그곳을 오가는 많은 사람이 물과 그늘과 지름길을 이용할 수 있었을 것입니다. 그러나 그의 욕심과 잘못된 순간의 판단으로 인해 결국 자신도 오아시스를 잃어버리는 처참한 결과를 맞이했습니다.

상인이 사막 한가운데에서 발견한 오아시스가 지금 우리에게도 있습니다. 바로 하나님께서 주신 '복'입니다. 하나님께서 주신 복은 나만을 위하라고 주신 것이 아닙니다. 그 복을 나누고, 흘려보내며 하나님의 사랑을 전하고 나타내라는 분명한 목적이 있다는 사실을 우리는 기억해야 합니다.

우리는 '통로'입니다. 표준국어대사전은 통로를 '통하여 다니는 길', '의사소통이나 거래 따위가 이루어지는 길'이라고 정의합니다. 통로인 우리는 우리에게 부어주신 하나님의 복과 사랑을 독점하지 않고, 고임 없이 세상 곳곳에 흘러가도록 해야 하는 거룩한 사명자들입니다.

질문 2

삶 속에서 하나님께 어떤 복을 받았다고 생각하나요? 그 복을 어떻게 나누며 살아가고 있나요?

말씀 한 장

가이사랴에 고넬료라 하는 사람이 있으니
이달리야 부대라 하는 군대의 백부장이라
그가 경건하여 온 집안과 더불어 하나님을 경외하며
백성을 많이 구제하고 하나님께 항상 기도하더니(행 10:1-2)

당시 로마의 백부장과 군인들은 자신이 가진 힘을 사용하여 식민지 백성을 착취하고 억압하는 것을 당연히 여겼습니다. 그러나 로마의 백부장이었던 고넬료는 그렇게 하지 않았습니다. 왜냐하면 그는 하나님을 경외하는 경건한 사람이었기 때문입니다. 이방인인 고넬료가 언제부터 하나님을 알게 되었는지는 알 수 없지만 적어도 그가 하나님께서 원하시는 복의 통로로서 살았음을 성경은 분명히 증거하고 있습니다.

하나님께서는 그런 고넬료의 삶을 귀히 여기셨고 그의 기도를 들으시고 진정한 복, 곧 복음을 알게 하시려고 베드로를 보내셨습니다. 고넬료는 예수 그리스도를 통해 주신 화평의 복음과 십자가, 성령의 능력을 깨닫고 경험했습니다. 진정한 하나님의 복인 복음을 깨달은 고넬료는 온 가족과 친척 그리고 이웃들에게 복을 전하는 진정한 복의 통로, 복음의 통로가 되었습니다.

하나님께서는 우리를 이 시대의 고넬료로 부르셨습니다. 우리는 하나님께서 우리에게 알게 하신 것, 누리게 하신 것, 품게 하신 새로운 생명의 가치와 영원한 소망을 나누고 흘려보내야 할 사명이 있는 사람들입니다. 특별히 우리 가정이 받기만 하거나, 말로만 사랑과 은혜를 나누는 공동체가 아니라, 전심을 다해 하나님의 복의 통로로 쓰임 받아야 할 공동체임을 기억해야 합니다.

질문 3

하나님의 복의 통로로 쓰임 받기 위해 우리 가정이 실천할 수 있는 구체적인 나눔의 방법은 어떤 것이 있나요?

우리 가정도 고넬료와 그의 가정처럼 하나님의 복의 통로가 되어 하나님 나라를 전할 수 있습니다. 하나님의 복의 통로는 서로를 귀히 여기며 소외된 사람들과 함께하고 세워주는 데에서부터 시작합니다. 도움이 필요한 사람에게 나아가 먼저 손을 내밀고, 문화와 제도를 개선할 수 있도록 책임감 있는 시민의 역할을 바르게 감당해야 합니다. 기도를 통해 하나님의 뜻이 이뤄지도록 항상 구하고, 우리에게 주신 복과 은혜와 사랑과 복음을 얼마든지 흘려보내는 삶을 사는 것이 우리에게 복을 허락하신 하나님의 목적을 이루는 길입니다.

열매 한 알 "하나님의 복의 통로가 되어요!"

하나님의 복의 통로가 되어 하나님의 사랑을 실천하는 시간을 가져 봅시다. 이웃을 향한 관심과 사랑은 가까운 곳에서부터 실천할 수 있습니다. 우리 주변에 도움이 필요한 이웃을 위해 기도하고, 정성껏 준비한 편지와 선물을 전해주세요.

활동 방법

① 우리 가족 주변에 고맙거나 도움이 필요한 이웃은 누구일까 이야기를 나눕니다.
② 그 이웃에게 필요하거나 주고 싶은 선물을 고민하며 편지와 함께 준비합니다.
③ 준비한 선물과 편지로 하나님의 위로와 격려가 전해지도록 기도합니다.
(준비하는 과정을 사진을 찍어 남깁니다.)
④ 이웃에게 준비한 선물과 편지를 전해주고 옵니다.
⑤ 집으로 돌아와 소감을 나누며 하나님께서 그 이웃과 함께해 주시기를 기도합니다.

반짝반짝~ 우리 가정을 통해 하나님의 복이 흘러가는 소리입니다.
"하나님, 우리에게 행동하는 믿음을 주세요!" 기도하며 우리의 손으로 밝혀 가요.

고맙거나 도움이 필요한 이웃	
이웃에게 필요하거나 주고 싶은 선물	
준비하는 모습 찰칵!	
집으로 돌아와 소감 나누기	

유니게 송

노윤아 작사 / 박유나 작곡

예배송

최지혜 작사 / 차미진 작곡

기도송

구혜미 작사 / 차미진 작곡

말씀송

김보람 작사 / 차미진 작곡

간식송

정혜경 작사 / 차미진 작곡

축복송 1

호산나 작사 / 차미진 작곡

축복송 2

호산나 작사 / 차미진 작곡

안녕 친구야 반가워!

작사/곡 유영선

그동안 어떻게 지냈니?

작사/곡 유영선

손가락 하나, 손가락 두개

작사/곡 유영선

너를 안으면

작사/곡 유영선

엄마가 좋아요!

작사/곡 유영선

날아라 꼬마비행기

작사/곡 유영선

콩닥콩닥 두근두근(체조곡)

작사/곡 유영선

유니게 학교

Eunice School

1학기 부모 교재

초판인쇄　2024년 10월 10일

초판발행　2024년 10월 20일

편집인·대한예수교장로회총회교육자원부

총무·전 호 영

주소·03128 / 서울특별시 종로구 대학로3길 29(연지동, 총회창립100주년기념관 7층)

전화·(02) 741－4356 / (F) 741－3477

발행인·강 성 훈

발행소·**한국장로교출판사**

주소·03128 / 서울특별시 종로구 대학로3길 29(연지동, 총회창립100주년기념관 4층)

전화·(02) 741－4381 / (F) 741－7886

영업국·(031) 944－4340 / (F) 944－2623

등록·No. 1－84 (1951. 8. 3.)

홈페이지·www.pckbook.co.kr

기획편집 : 홍지연, 김지연

출판편집 : 오원택, 남충우, 박신애

함께한 분들

·표지디자인 : 정호원, 임예영, 유은경, 조예인

·글 : 권희주, 김나형, 김혜진, 양동욱, 윤혜은, 정진아, 최수연, 최지선, 최지혜

·교정 : 권현준, 안태성, 전성은, 최하영

·감수 : 유선희

·그림 : 정호원, 임예영, 유은경, 이보현, 이 본, 조예인, 조하영

※ 이 출판물은 저작권법에 의해 보호를 받는 저작물이므로 무단전재와 무단복제를 할 수 없습니다.